Capucine Vignaux

Nous, les **enfants** de 1948

De la naissance à l'âge adulte

Éditions Wartberg

Mentions légales

Crédits photographiques :

Archives personnelles des auteurs, p. 4-5, 6b, 7, 8h, 11, 16-17, 19, 20b, 23-24, 27-29, 31-32, 33b, 35h, 36, 41-45, 46b, 55-56, 58-59, 61, 63b.
© *L'Officiel des spectacles*, guide des spectacles parisiens depuis 1946, p. 33h.
© Picture-alliance / dpa, p. 8b, 34, 54, 57 ; Picture-alliance / imagestate / HIP, p. 26 ; Picture-alliance / KPA, p. 47 ; Picture-alliance / dpa - Fotoreport, p. 50.
© Ullstein bild, p. 18, 21, 22, 35b, 46h, 48h, 62-63 ; Ullstein bild – AKG Pressebild, p. 9 ; Ullstein bild – Schirner X, p. 10 ; Ullstein bild – Gert Kreutschman, p. 12 ; Ullstein bild – Röhnert, p. 15 ; Ullstein bild – pwe Verlag GmbH, p. 38 ; Ullstein bild – Interpress Paris(L), p. 40 ; Ullstein bild – Chronos, p. 49 ; Ullstein bild – iT, p. 52 ; Ullstein bild – Kocian, p. 60.
© Roger-Viollet, p. 6h, 20h, 25, 30, 37, 48b.

Nous remercions tous les ayant-droits pour leur aimable autorisation de reproduction.
Dans le cas où l'un d'eux n'aurait pu être joint, une provision de droits est prévue.

5e édition, 2012

40, rue de l'Échiquier
75010 Paris

Un département de
Wartberg Verlag GmbH &Co. KG.
Im Wiesental 1
34281 Gudensberg-Gleichen
Allemagne

Conception graphique : Ravenstein & partenaires, Verden.
Imprimé en Allemagne sur les presses de Thiele & Schwarz, Kassel.

ISBN : 978-3-8313-2548-1

Préface

Chers enfants de 1948,

Vous retrouverez ici une certaine époque, avec ces anecdotes
dont nous seuls gardons encore quelque trace dans notre mémoire,
l'esprit du temps qui dominait quand nous étions enfants.

Nous sommes de ces rares générations à tenir quelque conviction
de ne pas avoir refait le monde dans ses seules conversations
mais d'avoir fait sauté les verrous que rongeait la rouille
des traditions qui pèsent.

La jeunesse cherche toujours un moyen d'évasion
des principes que défend l'ancienne génération.
Et tandis que dans le monde on s'attachait à conquérir liberté
paix, espace et égalité des races,
nous vivions l'idéal même de la jeunesse :
l'euphorique insouciance de l'avenir
l'exaltant mouvement de la conquête
et cette complicité nouvelle entre l'homme et la femme.

Aussi je vous invite à tourner cette page
et à commencer ce voyage de souvenir en souvenir.

Capucine Vignaux

François Vignaux

1948-1950

Barboteuse et american way of life

Tentative d'évasion.

Du système D à la Sécurité sociale

Au sortir de la guerre, l'énergie déployée par nos parents et les mesures prises par l'État ont assuré la reconstruction dans des temps records. Dès 1950, on retrouve le niveau de production d'avant-guerre. 500 000 immeubles ont été détruits, 2 millions endommagés. Dans un premier temps, les sinistrés sont logés dans des maisons préfabriquées en bois fournies par l'Angleterre, la Norvège ou l'Amérique. À défaut, on construit des baraquements avec les matériaux trouvés sur place, ce qui présente l'avantage de ne nécessiter

Chronologie

3 avril 1948
Le président américain Truman signe le plan Marshall visant à reconstruire l'Europe, accepté par 16 pays mais refusé par l'URSS et ses satellites.

14 mai 1948
David Ben Gourion proclame la naissance de l'État d'Israël, dont le premier visa sera délivré à l'écrivain-journaliste Joseph Kessel.

10 décembre 1948
Les 58 États membres de l'assemblée générale des Nations unies adoptent la Déclaration universelle des droits de l'homme au Palais de Chaillot à Paris.

25 mars 1949
Paris Match sort son premier numéro, avec en couverture une photo de Winston Churchill et du pont aérien de Berlin.

4 avril 1949
L'OTAN (Organisation du traité de l'Atlantique nord) voit le jour, avec pour objectif d'assurer la sécurité en Occident, ou selon son futur secrétaire général : *« Keep the Russians out, the Americans in and the Germans down. »*

16 avril 1949
Le pont aérien de Berlin atteint son record : 12 940 tonnes de marchandises sont délivrées en 24 heures.

29 juin 1949
La RTF (Radiodiffusion et Télévision française) et Pierre Sabbagh lancent le premier journal télévisé, dont les sujets sont filmés sans son et commentés en direct.

1er octobre 1949
Du haut d'un balcon de la Cité interdite à Pékin, Mao Zedong proclame l'avènement de la République populaire de Chine.

23 janvier 1950
La Régie Renault organise une loterie ouverte à ses ouvriers avec, à la clé, la 100 000e sortie d'usine de la 4CV, « la petite voiture pour tous ».

25 juin 1950
La nouvelle République populaire démocratique de Corée envahit la Corée du Sud.

Poils et plumes : élégance d'après-guerre.

aucun transport – les bombardements et la bataille du rail menée par la résistance cheminote ayant fait de nombreux dégâts. Le système D est à l'honneur : en Allemagne on fabrique savon et beurre avec du charbon, en France on invente le pain de pommes de terre, et en Autriche les toits en boîtes de conserve. C'est l'époque du slogan communiste « Camarades, retroussons nos manches. »

De son côté, l'État nationalise à tour de bras. Banque de France, Crédit lyonnais, Société générale et Crédit foncier se retrouvant dans le giron public, il utilise l'épargne pour financer les investissements lourds de ses industries : les usines Renault, devenues Régie Renault, mais aussi les nouveaux établissements Électricité de France, Gaz de France et

France-soir

DÉFENSE DE LA FRANCE - FONDÉ SOUS L'OCCUPATION (14 JUILLET 1941)

Mercredi 18 Juin 1947 — Prix : 4 fr.

AMBRE SOLAIRE

7e COURSES SPECTACLES

M. V. AURIOL : « ACCORD ENTHOUSIASTE POUR LE PROJET MARSHALL

Notre vieux continent ne peut pas laisser passer la chance qui lui est offerte »

CE SOIR PREMIERS ENTRETIENS BEVIN - RAMADIER - G. BIDAULT

DIVERGENCES AU CONSEIL SUR LE PLAN FINANCIER

VOICI LE PLAN MARSHALL

De Mâcon, René DELPÊCHE nous téléphone :

A l'hôpital de la mort la police tend ses filets

« 13 morts suspectes seulement » soutient le docteur Denis

LA PORTE ÉTAIT OUVERTE

L'assassin tuberculeux de Lorrez-le-Bocage s'évade du sana de Melun

La une de *France-Soir* le 18 juin 1947.

Charbonnages de France. Dans les plaines, les cokeries élèvent leurs cheminées fumantes, promettant aux foyers un combustible pour le chauffage et la cuisine.

Naissent également les allocations familiales et la Sécurité sociale. La caisse nationale des vacances lance les « timbres vacances » qu'on achète à la Poste pour les échanger aux guichets des trains. On voit fleurir des événements tels que la « Semaine de l'enfance », celle de la « bonté », et la « Journée des vieillards ». Sous le patronage de madame le général Leclerc, les comédiens Claude Dauphin, Jean-Pierre Aumont et Jean Gabin, anciens de la 2e division blindée, lancent la « Kermesse aux étoiles » pour réunir des fonds au profit de leurs anciens frères d'armes. Nombre de vedettes y prêtent leur concours : Jean Gabin, Simone Signoret, Gérard Philipe, Marlène Dietrich, Yves Montand, mais aussi Rita Hayworth, devenue la princesse Ali Khan depuis son passage devant Marianne et le maire de Vallauris.

Avant les porte-bébés : robustesse exigée !

Carte individuelle d'alimentation.

Naître en 1948 : une bonne idée, bien que pas très originale…

En partie parce qu'un certain nombre de mariages ont été retardés par la guerre, 850 000 bébés naissent en France en 1948, un record depuis les années 1900. Les femmes avaient en moyenne trois enfants, soit un de plus qu'avant-guerre, ce qui nous garantissait la complicité d'une grande fratrie. Nos pères, des Pierre, Marcel, Léon ou Paul, et nos mères, des Georgette, Odette, Marie-Louise ou France, baptisèrent cette année-là des petits François, Jean-Paul, Dominique ou Marie…

Toutes ces têtes blondes, nous conterait-on plus tard, avaient été trouvées dans une fleur ou un chou, ce qui ne manquerait pas d'étonner ceux d'entre nous qui habitaient en ville… On avait aussi trouvé Gérard Depardieu, Nathalie Baye, Jean Reno, Catherine Breillat, et aux États-Unis, John Carpenter et Samuel L. Jackson. Tous futures icônes du 7e art, qui vit disparaître la même année son inventeur, Louis Lumière, et ses premiers grands réalisateurs, l'Américain Griffith et le Russe Eisenstein. Pléthore d'astronautes virent également le jour – découvrirent-ils leur vocation quand *Spoutnik* et *Explorer* passèrent au-dessus de leur tête ? Mais aussi des musiciens de Deep Purple et Led Zeppelin, que nous écouterions quand nous serions plus grands.

CARTE D'IDENTITE

Nom : Lafferranderie

Prénoms : Marie Anna

fil de :

et de :

Profession : Propriétaire

Né le : 9 septembre 1877

à SARNIGUET

Département : Hautes-Pyrénées

Nationalité : française

Domicile : SARNIGUET

De ce temps béni où falsifier une pièce d'identité n'était pas un défi...

Ou encore le « Baby King » Charles d'Angleterre et Anne Sinclair… Voir le jour sous les auspices de la première guerre israélo-arabe, du Coup de Prague, la même année que l'État d'Israël et la République populaire démocratique de Corée : cela influença-t-il, par exemple, celle qui présenta « Sept sur Sept » sur TF1 pendant plus de dix ans ?

1948 voit aussi Marcel Cerdan sacré champion du monde des poids moyens. À son retour, le « Bombardier de Casablanca » traverse Paris sous l'enthousiasme de la foule massée sur les trottoirs. L'année suivante, il meurt à trente-trois ans dans un accident d'avion après sa défaite face à « The Raging Bull » La Motta. C'est également l'année où disparaît le Mahatma Gandhi. Bien que nominé plusieurs fois au prix Nobel de la paix, il n'aura jamais été lauréat.

Édith Piaf et Marcel Cerdan.

Côté presse, *L'Équipe* qui « légende le sport » devient un quotidien, *Paris Match* est encore à l'état de projet, *Le Monde* sort son millième numéro. Et l'on peut entendre aux quatre coins de Paris les vendeurs à la criée de *France-Soir*, lancé par « Pierrot les Bretelles » (Pierre Lazareff), dont le *Journal du Dimanche* accompagnera nos premiers pas. La RDF (Radiodiffusion française) diffuse son premier bulletin météo, une main invisible traçant au feutre les masses d'air sur la carte de France.

Symboliquement, 1948 est une grande année pour les hommes, les femmes et les enfants : les Nations unies adoptent la Déclaration universelle des droits de l'homme, dont l'article 25 affirme que « la maternité et l'enfance ont droit à une aide et à une assistance spéciales ». À propos d'aide, le plan Marshall est signé et le 600e navire d'aide alimentaire débarque au Havre. Au même moment naît l'allocation logement, suivie du SMIG.

1948, c'est aussi beaucoup de divertissements à venir. Le zoo de Vincennes est prêt à accueillir nos émerveillements ; on voit pour la première fois l'arrivée du Tour de France en direct... Naissent également le transistor et le microsillon, qui nous permettra d'échanger nos 45 tours.

Mais 1948, c'est encore ces vieillards hantant les hospices et la soupe populaire – tombés dans la misère après avoir vécu deux guerres, on dit d'eux qu'ils mourront sans avoir connu la douceur de vivre. Et à l'autre bout de la vie, ceux que la guerre a laissés orphelins.

Enfin, Paris voit ses pavés de bois remplacés par des pavés de pierre, que nous ferons entrer dans l'histoire vingt ans plus tard, un certain mois de mai...

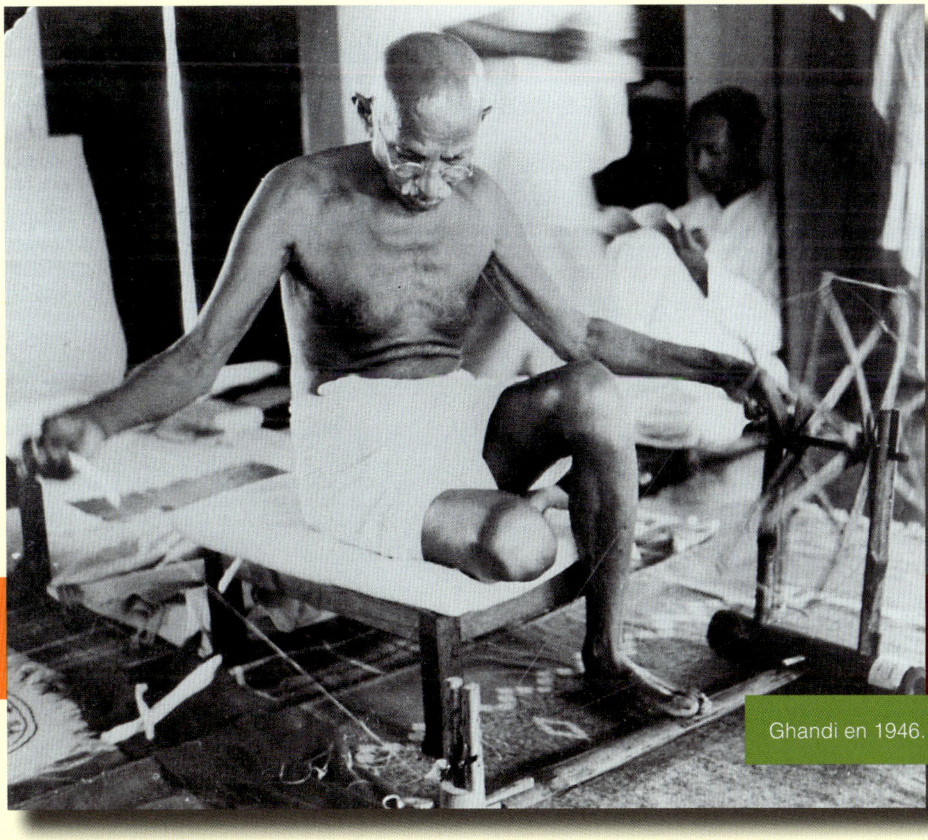

Ghandi en 1946.

L'Équipe, *le Tour de France et le maillot jaune*

L'aventure de L'Équipe *commence en 1900. Le journal s'appelle alors* L'Auto-Vélo. *Mais* Le Vélo *ayant porté plainte et obtenu gain de cause, le titre se retrouve réduit à* L'Auto. *En 1903, ses pages de papier jaune annoncent « la plus grande épreuve cycliste jamais organisée » dans un pays où ce sport est le plus populaire.* L'Auto *vient d'inventer le Tour de France. Le journal rafle alors le lectorat du* Vélo, *qui met la clé sous la porte. Rendant visite aux Français dans leurs villes et leurs campagnes, le Tour est un succès.*
En 1919, L'Auto *invente le maillot jaune – comme son papier. Certains disent que ce n'était pas intentionnel, les organisateurs n'ayant tout simplement pas trouvé d'autre tissu dans la France d'après la première guerre. Durant la seconde,* L'Auto *publie des communiqués de l'occupant. Interdit de parution à la Libération, il devient* l'Équipe *en 1946, à condition d'accueillir des résistants dans sa rédaction et de ne plus s'imprimer sur papier jaune.*

Départ du premier Tour de France, le 1er juillet 1903 à Paris.

De la barboteuse au docteur Miracle

En barbotant...

Avec notre petite crête ondulée sur la tête, nous remuons dans les mêmes barboteuses que nos parents. Leur popeline garantit une certaine douceur à nos derrières, tandis que la laine de la version hivernale les protège du froid. La culotte bouffante, les manches ballon et le col Claudine ne se sont pas démodés, même si « pour bien habiller les enfants », la fillette Marinette recommande la culotte Petit Bateau. Blanches, parfois à smocks ou brodées, les barboteuses réussissent miraculeusement à nous donner une certaine élégance.

On nous immortalise dans cet état de grâce : recherchés pour leur aptitude à nous faire tenir en place, certains photographes se spécialisent dans l'enfance, et nos parents trouvent leurs coordonnées au verso des photos que leur montrent leurs amis. Quand nous ne jouons pas aux vedettes, nous agitons nos hochets et nos crécelles dans des landaus ou des berceaux.

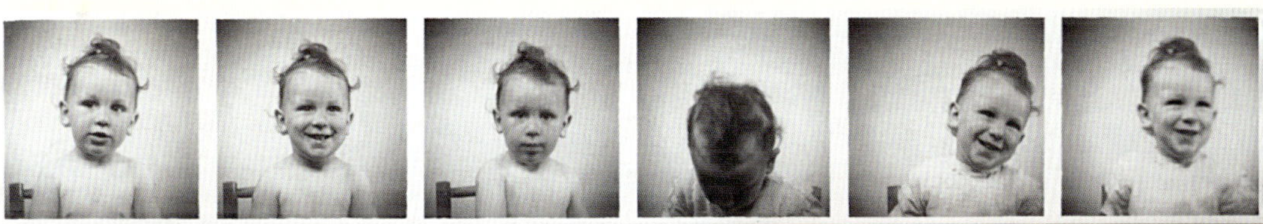

Minauderies chez le photographe.

Joie toute enfantine.

L'un d'entre nous a peut-être décroché le titre de « Bébé Cadum », l'après-guerre ayant vu ressurgir le concours du plus beau bébé de France organisé par la marque du même nom. Mais déjà survenait un concurrent sur le marché de la peau douce de bébé : le premier lait de toilette européen, Mustela, réunissant savon, eau, talc et huile d'amande douce. Le berlingot « Dop ! Dop ! Dop ! » remplaçait le jaune d'œuf, le vinaigre et le savon de Marseille, par ailleurs ingrédient essentiel de la lessive Persil. Cette marque, qui s'était étendue de sa Provence natale à l'ensemble de la France, a d'abord lavé « plus blanc », puis

Publicité pour Persil.

« encore plus blanc », pour enfin, dans les années soixante, lorsqu'elle s'est lancée dans l'aventure du lave-linge, laver « plus blanc que jamais ».

L'hygiène a en effet pris de l'importance, par exemple en ce qui concerne le lait. La Croix-Rouge française ouvre des centres de stérilisation appelés « La Goutte de lait ». Le plan Marshall aide par ailleurs à réorganiser l'industrie laitière, et plusieurs coopératives fondent France Lait, qui deviendra Régilait. En l'absence de réfrigérateur, le lait en poudre est le bienvenu – et pour ce qui est de l'eau, on la fait bouillir en attendant que les usines de purification soient remises en fonctionnement.

Sur le plan de la science et de la médecine, on progresse dans la connaissance de l'ADN. L'USIS (United States Information Service) et la série des « films offerts par le plan Marshall » nous en tiennent soigneusement informés. La pénicilline a fait ses preuves pendant la guerre, et le service de santé de l'armée est en charge de la distribution des doses. Des voitures de dépistage des maladies contagieuses parcourent les campagnes et contrôlent poules et cochons. Le timbre anti-tuberculeux « tôt dépisté, vite guéri » est mis en place ; des poumons d'acier sont installés dans les hôpitaux. Bientôt apparaîtra la streptomycine, premier antibiotique efficace contre la tuberculose. Les Américains ont déjà mis au point l'indécente radiocinématographie qui nous dénude jusqu'au squelette, la « caravane BCG » parcourt l'Afrique du Nord, et Paul Herman Müller reçoit le prix Nobel de médecine pour sa découverte du DDT, remède miraculeux contre les poux, la gale et la mouche tsé-tsé. Grâce à Nelson, le diagnostic de la « maladie honteuse » s'enrichit d'un nouveau test – après tout, il n'est pas indispensable qu'à notre adolescence nos visages accueillent la syphilis en plus de l'acné. De son côté, un certain docteur Miracle dispense des remèdes inespérés et finit ironiquement à la prison de la Santé, pour « escroquerie à la santé publique ».

De la pin-up à Maurice Thorez

Les États-Unis s'inquiètent de l'épuisement de leur pétrole – on annonce une crise de l'or noir. Des pipelines modifient les paysages de l'Irak. L'*american way of life* prend son essor en Europe. Avec la guerre, les États-Unis y bénéficient d'une image très positive. À la Libération, les hommes ont découvert la cigarette américaine, les femmes, le luxe du bas nylon, et les enfants, le « chouinegomme ». Ce dernier est un tel succès qu'un ancien GI lance en France le premier chewing-gum, goût chlorophylle : Hollywood Chewing-Gum est né. Tandis qu'avec nos parents nous traversons dans nos landaus ces passages piétons délimités par de vrais clous, alors que les vélos se serrent entre les massives Tractions Avant et les 2 ou 4CV, nos yeux sont déjà bien ouverts et nous apercevons sur le sommet d'un fourgon l'inscription « Coca-Cola ».

Mais si Victor Mills a inventé la couche jetable alors que nous étions bébés, les Pampers ne sont pas encore à l'ordre du jour. Nos mères continuent à épingler sur nos derrières des langes en tissu. Les hommes, eux, découvrent les pin-up, leurs jambes interminables, leurs regards rieurs et leurs sourires innocents. C'est aussi l'époque où l'on parle du « Dahlia noir », Elizabeth Short, triste icône d'un *american dream* mutilé, brisé en deux, celui de certaines apprenties starlettes.

Quoi qu'il en soit, les accords de Bretton Woods ont garanti au dollar une place prépondérante dans l'économie occidentale. L'accord Blum-Byrnes a ouvert nos frontières aux produits américains en échange de la liquidation de la dette contractée pendant la guerre et de l'octroi d'un nouveau crédit à des conditions avantageuses. Le premier loisir des Français, le cinéma, n'a pas été absent des négociations : les États-Unis veulent exercer un certain contrôle sur ce moyen de propagande considérable, pour contrer tout risque d'émulation communiste. Et désormais, les films américains ne sont plus contingentés : seule une semaine par mois est réservée aux productions françaises.

Mais déjà certains s'inquiètent, comme Maurice Thorez : « La question n'est pas seulement celle du profit réalisé par les Américains et de la ruine et du chômage, de la misère qui frappe les artistes, les musiciens et les travailleurs des studios français. Il faut y voir un aspect de la préparation idéologique, à laquelle les Américains soumettent les peuples qu'ils se proposent d'asservir. » Il arrive aussi que la promotion américaine de la société de consommation se heurte à quelques initiatives isolées. Défiguré par la guerre, le pays ne doit pas l'être par la réclame, qui comme le lierre pousse sur les murs de manière anarchique. Et d'aucuns barrent les publicités d'un bandeau « publicité illégale, elle enlaidit les paysages de France, elle doit disparaître ».

La pin-up :
des Petty Girls à Bettie Page

La pin-up a tout de la ravissante ingénue et rien de la femme fatale. Contrairement à la vamp vénéneuse, elle vous regarde droit dans les yeux, franchement. Elle est bien dans sa peau, respire la fraîcheur, l'honnêteté – et se permet rarement d'être mutine.
« To pin up » *signifie « punaiser au mur », sort que réservaient les GI's à ces starlettes bientôt légendaires. En photo, peinture ou dessin, on rencontre les pin-up sur des cartes et des affiches, dans les journaux, les magazines et leur fameux cahier central de trois pages à déplier.*
On fait remonter le « pin-up art » *à la fin du XIX*e *siècle, mais ce fut George Petty et ses Petty girls, ainsi qu'Alberto Vargas et ses Vargas girls, qui lancèrent la mode dans les années trente.* Après Life, *ce furent* Esquire, *magazine d'actualités pour hommes, et les publicités Coca-Cola, qui participèrent au succès de la pin-up.*
Pendant la guerre, la pin-up se fait patriote : vêtue d'une bannière étoilée, en tenue d'infirmière ou en uniforme de la Navy, elle fait le salut militaire sans jamais quitter son sourire. Sur les murs des casernes et le nez des bombardiers, elle accompagne les soldats au front.
Parmi les modèles les plus célèbres, on compte les actrices Rita Hayworth, Marilyn Monroe et Betty Grable, surnommée « the girl with the million dollar legs » (« la fille avec des jambes à un million de dollars »), prix auquel elle avait assuré ses gambettes. La brune Bettie Page est aujourd'hui l'icône de la pin-up. Elle fut l'une des premières « playmate du mois » du magazine Playboy, *et fit entrer la gentille ingénue dans la photo et le film fétichistes, décrochant ainsi le titre de « Bondage Queen ».*

Marilyn Monroe en pin-up.

1951-1953

Menace rouge avant âge de raison

Sourires en pays bigouden.

Le Deuxième Sexe et l'Espion Papillon

Quand notre grand-mère nous gardait, nous étions élevés à la vieille école. Elle nous pendait par les pieds pour « nous faire descendre le sang », assaisonnait de piquette tout ce qui pouvait l'être et nous servait du foie de morue pour toute bouillie. Il s'agissait de grandir sain et vaillant. Mais après la phase bouillon en sachet, nous avons rapidement eu droit au même repas qu'elle. Avant de

Chronologie

28 juillet 1951
La convention relative au Statut des réfugiés est adoptée lors d'une conférence spéciale des Nations unies à Genève.

29 octobre 1951
Pie XII accorde officiellement aux chrétiens le droit d'utiliser la méthode contraceptive Ogino pour raison médicale, économique ou sociale.

24 novembre 1951
Départ du commandant Cousteau et de son équipage pour leur premier voyage à bord de la *Calypso*.

18 janvier 1952
Refusant une souveraineté conjointe avec la France, Bourguiba et une vingtaine de dirigeants sont arrêtés, ce qui déclenche une grève générale en Tunisie et de violents affrontements avec l'armée française.

22 juillet 1952
Lors des Jeux olympiques d'Helsinki, la Yougoslavie l'emporte au football sur l'URSS, victoire qui devient celle de Tito sur Staline et fait les gros titres de la presse internationale.

16 octobre 1952
Le paysan français Gaston Dominici est accusé du triple meurtre de la famille Drummond. Il sera gracié en 1960 par le général de Gaulle.

19 février 1953
En réponse à de vives protestations en Alsace, les « Malgré-nous » du massacre d'Oradour-sur-Glane sont amnistiés.

5 mars 1953
Mort de Sergueï Prokofiev, auteur de *Pierre et le Loup*, et de Joseph Staline, « Petit père des peuples » pendant un quart de siècle.

2 juin 1953
Le couronnement de la reine Élisabeth II, retransmis en direct et commenté par Zitrone, popularise la télévision auprès des Français, qui s'équiperont massivement.

12 août 1953
L'URSS fait exploser sa première bombe H dix mois après les États-Unis.

27 août 1953
La signature du concordat entre le Saint-Siège et l'Espagne légitime le régime franquiste.

24 septembre 1953
La Tunique, premier film en Cinémascope, est projeté. La 20th Century Fox utilise le procédé mis au point par le Français Henri Chrétien.

Ange en communion solennelle.

lever notre fourchette, il fallait attendre qu'elle ait fini de prononcer son étrange bénédicité, un sourire malicieux aux lèvres : « Merci au Fritz, à l'Ogre et au Croquemitaine ». Avec ses quelques dents et sa mise en plis qui ressemblait à un casque de soldat, elle « sentait » la guerre, sa vigueur de vieille femme laissant deviner un caractère tenace et une obstination à vivre.

Suivant de loin ce que devenait la femme moderne, elle s'amusait de voir des filles fumer dans la rue. Les femmes avaient combattu l'occupant, elles étaient allées au front. Et à ce titre, le Conseil national de la Résistance avait pris un engagement qu'il

Jacqueline Auriol, « la femme la plus vite du monde ».

avait su tenir : elles avaient désormais le droit de vote. De plus, la Constitution de la IVe République leur garantissait « dans tous les domaines des droits égaux à ceux de l'homme ».

Mais notre grand-mère n'était pas allée voter car, disait-elle, ce monde ne serait jamais le sien. Germaine Poinso-Chapuis avait été ministre, la Légion d'honneur accueillait Colette parmi ses grands officiers, le Pulitzer revenait à Marguerite Higgins pour son reportage sur la guerre de Corée, et l'aviatrice Jacqueline Auriol devenait « la femme la plus vite du monde ». Devant l'enthousiasme de notre mère, notre grand-mère avait le sourire discrètement amusé de la sagesse pour la folie.

Chez elle, on regardait de vieux albums de Bibi Fricotin, les illustrés de la comtesse de Ségur ou des fascicules dédiés à la vie d'un saint. Et quel que fût le sujet, elle résumait : « Il était une fois puis ils vécurent longtemps et eurent beaucoup d'enfants », et concluait : « C'est pas parce que c'est écrit que c'est vrai. » Savait-elle lire ? Et si elle avait su, qu'aurait-elle pensé du *Deuxième Sexe* de Simone de Beauvoir et de son « On ne naît pas femme, on le devient » ? Je crois qu'à l'auteure dénonçant la place de la femme telle qu'elle lui avait été assignée par l'homme, elle aurait répondu : « Change de place et t'arrêteras de te plaindre. »

Parfois, nous allions chez la jeune et pas très jolie Janine, qui nous donnait à feuilleter « son » *Elle Magazine* ou « son » *Nous Deux*. Elle nous appelait ses petits baigneurs et nous faisait répéter *Étoile des neiges* avec obstination, comme si elle voulait nous présenter à un concours. Elle nous apprenait à jouer à la marelle et nous racontait des histoires rocambolesques sur la résistance. Pendant l'Occupation, elle était connue sous le nom d'« Espion Papillon ».

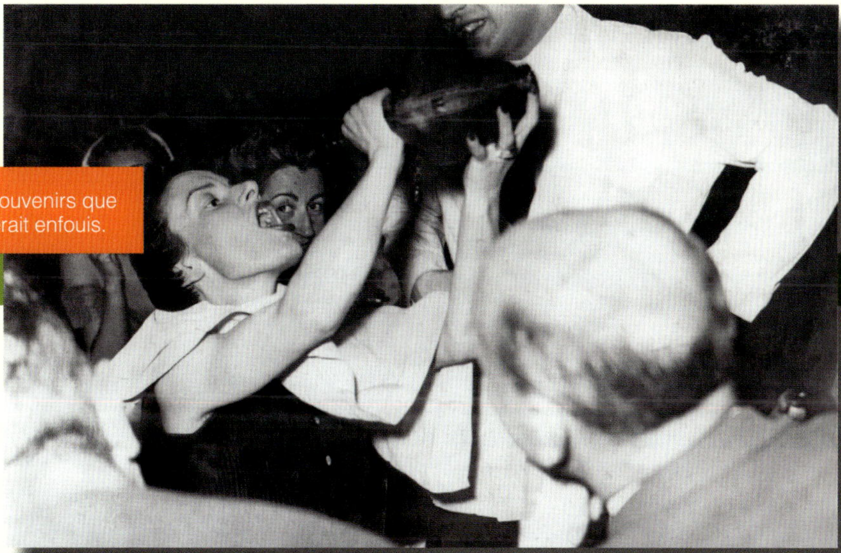

De ces souvenirs que l'on espérait enfouis.

Les Français en 1952

Hommes : 20 millions – Femmes : 22 millions
8 millions aux champs, soit 36 % de la population
6 500 000 à l'usine
3 500 000 employés de commerce ou de bureau
60 000 épiciers
7 000 notaires
3 922 percepteurs
754 boxeurs professionnels
493 chanteurs de charme
157 ministres (actuels ou non)
(Source : Les Actualités Françaises, *11 septembre 1952).*

Beatnik et be-bop

Les jeunes d'alors sont bien décidés à s'amuser et à profiter de la vie. Survivre, ils l'ont déjà fait : maintenant, c'est de vivre qu'il s'agit. Et ce, au rythme du jazz de la Nouvelle-Orléans, du *boogie-woogie* (« bouji-wouji » pour les plus vieux) et du be-bop. Ils montent des petites formations, ménageant à chacun un solo et improvisant avec audace. Mais la jeunesse jazzy est partagée : certains écoutent sagement le « Panorama du jazz américain » de Sim Copans sur Paris-Inter, d'autres voient dans la « musique libre » une occasion de chahuter. À Paris, l'Olympia est retrouvé saccagé, acte qui donne raison à ceux qui considèrent le jazz comme une « musique de sauvages ».

Démonstration de be-bop chez Carrère, à Saint-Germain-des-Prés.

Le be-bop, on l'écoute avec un sérieux confinant à la déférence, ou bien on le danse en couple, vêtu de blue-jeans et baskets. Les filles sont parfois en jupe ample ou bien droite, longue et fendue jusqu'aux hanches. Pour les conservateurs, le jazz n'est pas une musique sensuelle mais « sexuelle », et ses artistes n'arrivent pas à la cheville des musiciens classiques. Il gagne pourtant en reconnaissance lors de la première édition du Festival européen du jazz, au vélodrome d'hiver. Et Becker sort *Rendez-vous de juillet*, un film sur la jeunesse à Saint-Germain-des-Prés.

Trois ans, les cheveux ébouriffés.

Il faut vivre vite, car « si tu t'imagines, fillette fillette xa va xa va durer toujours la saison des za, la saison des za, saison des amours [...] ce que tu te goures... », chantait Gréco d'après un poème de Queneau. Lemarque et Mouloudji prêtent leur voix à Prévert, Queneau et Vian. À Saint-Germain-des-Prés, on trouve aussi Genet, Montand et Signoret, sans oublier la figure tutélaire de Sartre, avec son marxisme et son « existentialisme ». Au Club Saint-Germain, au Tabou, au Flore, on cache moins son homosexualité, et on ne respecte sûrement pas l'ordonnance de 1949 interdisant aux hommes de danser ensemble en public. Les rapports Kinsey ont d'ailleurs jeté un pavé dans la mare stagnante du conservatisme. Dans *Sexual behavior in the human male* puis *in the human female*, on apprend que nombre d'Américains ont eu un rapport homosexuel et que beaucoup d'Américaines se masturbent.

Alfred Kinsey en 1953.

La libération sexuelle se profile déjà en ces temps de concours des plus belles jambes ou de la fée du logis, tandis que l'Église a mis la télévision au service de sa cause avec « Le Jour du Seigneur ». Saint-Germain se prépare à accueillir les beatniks, au Beat Hôtel et Chez Popov. Nous faisons ainsi nos premiers pas en même temps que la *Beat Generation* des écrivains Burroughs, Ginsberg et Kerouac. C'est sous la plume de ce dernier que le terme est né, plume qui se lançait alors dans l'écriture de *Sur la Route*, roman culte de notre génération. Quant à Allan Ginsberg, on lui attribuerait plus tard le fameux mot d'ordre « *Flower Power* ». « *Beat* », en anglais, c'est le rythme, la pulsation du cœur et une façon de « vagabonder la vie ». Homosexualité, expériences hallucinatoires, refus du confort bourgeois... Leur opposition à *l'american way of life* leur aurait valu de se faire appeler « beatniks » par la presse en référence au *Spoutnik*. C'était l'époque où refuser les bienfaits de la société américaine faisait de vous un communiste...

Campagne contre Joseph McCarthy.

Answer the question !

En effet, la guerre froide est déjà bien entamée. L'image de Roosevelt et Staline assistant ensemble au défilé de la victoire sur la place Rouge n'est plus qu'un lointain souvenir. Mao Zedong est au pouvoir, la guerre de Corée bat son plein… Et l'on sait désormais que les Russes détiennent la bombe atomique : on craint la « bombe rouge » et une nouvelle guerre mondiale. Les États-Unis étant en pleine psychose, la chasse aux sorcières gagne en vigueur dans ce pays où le parti communiste compte moins de 40 000 adhérents.

Soupçonnés d'avoir transmis à l'ennemi les plans de la bombe, les communistes Julius et Ethel Rosenberg sont exécutés à la prison de Sing Sing. De leur côté, les grands studios d'Hollywood publient un manifeste demandant au Congrès le droit officiel de se débarrasser de leurs éléments subversifs, les *commies* (« cocos ») en tête.

La liste noire est née. Les frères Warner *(Warner Bros)* se sont déclarés prêts à financer le bateau qui renverra les « anti-Américains » en Russie. Les studios demandent à chaque employé de déclarer sur l'honneur qu'il n'est pas et n'a jamais été communiste, qu'il n'a pas d'ami communiste, et qu'il s'engage à dénoncer toute personne susceptible de l'être. L'HUAC (House Un-American Activities Committee) s'attaque à Hollywood – cible idéale pour atteindre le grand public – en commençant par les créateurs de comités anti-nazis, avant-guerre, ou les partisans des républicains espagnols... Gary Cooper fait même un grand numéro de coopérateur de bonne volonté – hélas pour la commission, totalement benêt.

On a eu la série tonitruante des « *Are you or have you ever been a member of the communist party ?* » (« Êtes-vous ou avez-vous été membre du parti communiste ? »), des colériques coups de marteau de justice et des furieux « *Answer the question !* » (« Répondez à la question ! »). Les « Hollywood Ten », dix scénaristes et réalisateurs qui s'étaient réfugiés derrière le 1er amendement sur la liberté d'expression et de réunion, ont été condamnés à des peines de prison pour outrage au Congrès. Le dramaturge Bertolt Brecht a quitté à temps l'Amérique anti-rouges, lui qui avait fui l'Allemagne nazie pour s'y réfugier...

Boulevard de Courcelles : il n'y a pas que les pigeons qui roucoulent sur les balcons (peinture de Gaïc).

C'est alors que le sénateur McCarthy entre dans la danse, et pousse les artistes à la délation en les menaçant de les inscrire sur la fameuse liste noire. Selon certains, les délateurs redoutent de devoir renoncer à leur villa avec piscine ou à leur carrière florissante. La Suisse accueille Chaplin, et l'on voit arriver à Paris des réalisateurs américains comme Dassin et Losey, qui dirigeront Montand, Delon, Jeanne Moreau…

Dans nos salles, il y a *Casque d'Or* avec Signoret et Reggiani, *Caroline Chérie* avec Martine Carol, et Dominique Wilms, notre Veronika Lake nationale, incarne *La Môme vert-de-gris*. Tati raconte *Les Vacances de monsieur Hulot*, et *Fanfan la Tulipe* réunit le fringant Gérard Philippe et la gironde Gina Lollobrigida. Radio Circus nous ancre dans la tête « Dop ! Dop ! Dop ! » pour le reste de nos jours. Le Cinémascope nous tend déjà les bras. Becker, Dassin et Decoin achèvent alors les tournages respectifs de *Touchez pas au grisbi, Du rififi chez les hommes* et *Razzia sur la chnouf*.

Club Med et bikini

En 1950, Gérard Blitz et Gilbert Trigado inventent le Club Med. Ce sera rapidement un succès, la guerre n'ayant pas laissé le temps aux Français de profiter des congés payés du Front populaire. Le premier village ouvre aux Baléares. On y voit des bikinis, ces « maillots atomiques » de la fin des années quarante. Les jeunes gens et les jeunes filles sont les premiers à s'y rendre. Se sentant libérés de l'ordre moral imposé par leurs parents et portant déjà en eux les débuts de la « libération sexuelle », ils découvrent ce qu'on appellera les « amours de vacances ». Cinq ans plus tard, le Club Med ouvre un deuxième village à Tahiti.

Fierté de l'aventurier.

Le siège du journal *L'Humanité* en deuil.

Staline est mort ! Staline est mort !

Si l'on n'atteint pas les sommets de l'hystérie américaine, en France aussi on parle de menace rouge et on redoute l'arrivée des chars russes. Le Coup de Prague a marqué les esprits, et seule l'Allemagne de l'Ouest nous sépare du monde soviétique. On dit du PCF qu'il est le parti de l'étranger à la botte des Soviétiques. Mais le pays demeure largement communiste, comme le montrent les efforts consentis par l'industrie cinématographique américaine pour s'assurer l'accès au marché français. Les studios adaptent pour la France leurs films anti-communistes : les espions soviétiques du *Courrier diplomatique* deviennent de simples slavons, les communistes chinois de *Démons en eaux troubles* se fondent en une obscure organisation... Des trafiquants de drogue remplacent les espions soviétiques, *Pick up on South Street* devenant *Le Port de la drogue*.

Mais peu nous importe à nous, puisqu'on ne nous emmène pas au cinéma. Nous avons le zoo et la Foire du Trône avec le « Roi de l'évasion » qui finit toujours par se libérer de ses chaînes. Mastiquant de la barbe à papa ou grignotant un sucre d'orge, nous montons sur le manège d'avions à hélices, et nous nous demandons ce qui peut bien se passer dans la tente de la diseuse de bonne aventure. Nous poussons des petits bateaux dans les bassins, puis nos aînés nous emmènent avec eux dans les auto-tamponneuses. Enfin, après nous avoir déposés à la maison, ils repartent pour l'Atomic Café, ses eaux gazeuses qu'on dit « radioactives » et surtout son téléviseur. C'est l'époque du concours populaire organisé par Paris Presse : le gagnant se voit remettre la clé d'une 4CV par des vedettes de cinéma.

Puis une phrase a marqué tous les esprits, y compris les nôtres : « Staline est mort ! » Ses obsèques sont grandioses, car il était à la fois le « Petit père des peuples » et l'« homme d'acier », vainqueur du nazisme et à la tête d'un contre-pouvoir au modèle américain. « Staline est mort ! Staline est mort ! » crie-t-on dans les rues. Communiste ou non, tous sont émus. Les actualités, montrant des images de la Russie et des républiques en deuil, rendent hommage à ce génial « bâtisseur » qui a présidé à la destinée du monde soviétique. On fait même une minute de silence au palais Bourbon, et on dresse des estrades funéraires symboliques sur les places publiques.

Sur le bâtiment de sa rédaction, *L'Humanité* suspend un grand portrait du « Petit père » ; sa « toute dernière édition spéciale » est titrée « Deuil pour

Publicité pour la Renault 4CV.

tous les peuples ». Dans des crises de larmes spectaculaires, le peuple russe défile devant le corps – la bousculade fait plusieurs centaines de morts. Des rumeurs courent : l'hémorragie cérébrale de Staline était-elle naturelle ou ses proches l'ont-ils empoisonné pour s'emparer du pouvoir ? Et ce pouvoir inquiète le monde entier : qui succédera à Staline ? « L'équilibre de la terreur » va-t-il voler en éclats en même temps que la bombe rouge ? À la stupeur générale, c'est la détente qui prend la relève. La déstalinisation commence immédiatement : les portraits du « Petit père » disparaissent, ils sont retirés du front des locomotives qui promenaient son image jusque dans les coins les plus reculés de Russie. Bientôt paraîtra le rapport Khrouchtchev.

Sérieux au jeu.

De Spartacus *à* Sur les quais

Ce sera aux génériques de Spartacus *et* d'Exodus *qu'on reverra, au scénario, le nom de Dalton Trumbo, par ailleurs génial réalisateur de* Johnny s'en va-t-en guerre. *Appartenant aux « Dix d'Hollywood », ce nom avait disparu des écrans au profit de divers pseudonymes. C'est sous celui de Robert Rich que Trumbo remporte un Oscar en 1956. Le producteur excuse le scénariste auprès de l'assemblée : Rich n'a pas pu se libérer. Un an après Trumbo, c'est au tour des scénaristes blacklistés Wilson et Foreman de n'être malheureusement pas disponibles pour recevoir leur Oscar. Le Français Pierre Boulle, auteur du* Pont de la Rivière Kwaï, *vient chercher la statuette de ceux qui ont adapté son roman. En 1952, le réalisateur Elia Kazan, homme de gauche notoire, surprend tout le monde. Il livre des noms, et achète même un espace dans le* New York Times *pour inviter chaque lecteur « en raison des activités communistes » à informer les autorités de toute action qui relèverait d'une conspiration étrangère. Puis il sort* Sur les quais. *Dans un monde de syndicalistes corrompus, Brando y tient le rôle d'un délateur. Orson Welles dénoncera le film comme une « célébration du donneur » mais se dira obligé de reconnaître le talent du réalisateur de* Baby Doll, Un Tramway nommé Désir, Viva Zapata…

1954-1958

Rentrée des classes et petits hommes verts

Tous bien élevés : personne n'a les mains dans les poches !

Bien apprendre ce qu'il n'est pas permis d'ignorer

Le 1er octobre, les parents sont définitivement rassurés : nous avons une place en classe. Trop nombreux pour les écoles qui existent déjà, nous sommes accueillis dans des « écoles provisoires » installées dans des greniers ou dans des préfabriqués. Nous passons par l'entrée « garçons » ou « filles », puis viennent les claquements de mains secs et le « On rentre ! En rang, Messieurs ! » Mais la rentrée, c'est aussi l'occasion de recevoir des cadeaux, comme une casquette et des souliers neufs, ou le premier *Larousse* en couleur. Nos parents nous rassurent en

Chronologie

1er mars 1954
Le pape Pie XII met fin à l'expérience des prêtres-ouvriers.

1er novembre 1954
Les attentats de la « Toussaint rouge » marquent le début de ce qu'on appellera plus tard la guerre d'Algérie.

17 mai 1954
La cour suprême des États-Unis interdit la ségrégation raciale dans les écoles.

21 août 1955
« La rencontre de Kelly-Hopkinsville » : aux États-Unis, une famille du Kentucky affirme avoir aperçu des « petits hommes verts ».

30 septembre 1955
L'acteur James Dean meurt à vingt-quatre ans au volant de sa Porsche.

26 janvier 1956
Nasser, dirigeant de l'Égypte, annonce la nationalisation du canal de Suez afin de financer la construction d'un barrage. Les Français et les Anglais, actionnaires du canal, réagissent avec l'aide d'Israël. L'opération militaire se solde par la défaite de l'Égypte et Israël occupe le Sinaï. Les troupes israéliennes et franco-britanniques se retireront en 1957 sous la pression des États-Unis et de l'URSS.

2 mars 1956
Fin du protectorat au Maroc. Le pays accède à l'indépendance.

Du 6 au 19 juin 1956
Le Monde publie le rapport Khrouchtchev dans son intégralité.

7 janvier 1957
La bataille d'Alger commence avec l'arrivée du général Massu et de ses 8 000 paras.

10 janvier 1957
L'Agence France Presse est dotée d'un nouveau statut visant à garantir sa liberté d'expression.

31 janvier 1958
Le satellite américain *Explorer I* est lancé quatre mois après le soviétique *Spoutnik*.

8 octobre 1958
La DS19 de Citroën est la grande vedette du 45e Salon de l'automobile, au côté de la Simca Aronde 1 300 équipée du nouvel embrayage « simcamatic ».

Candeur et mini vague.

citant Jules Ferry : « Il ne s'agit pas d'embrasser tout ce qu'il est possible de savoir, mais de bien apprendre ce qu'il n'est pas permis d'ignorer. »

Pour le goûter, on nous sert du lait à la fraise, et quoiqu'on en dise, tout le monde n'aime pas ça. C'est une idée du président qui semble vivre dans la peur qu'on devienne des ivrognes. Nos parents sont ravis, les éleveurs de vaches aussi, et nous, nous n'avons pas le choix. L'année où nous apprenons à écrire, nous entendons des mots aux sonorités si extravagantes qu'ils semblent ne pas pouvoir s'épeler – « Diên Biên Phu » en tête.

On demande à notre maître de l'écrire, juste pour voir. Il refuse parce que ça vient d'une langue étrangère et qu'il ne veut pas nous « mélanger les idées ». Apparemment, notre pays

Vêtements recueillis par l'association des compagnons d'Emmaüs de l'abbé Pierre en 1954.

est en train de perdre des terres lointaines, et avec elles, tous ces lieux aux noms étranges. À l'époque, des hommes sérieux entrent dans nos classes et, devant la carte du monde, nous parlent surfaces, couleurs, races... Puis viennent le progrès, l'amitié et les « frères autochtones » ; l'esprit des pionniers et la persévérance des colons. Toutes valeurs dont la perpétuation repose sur nos frêles épaules. Il s'agit des conseillers de l'Union française, et en leur présence on ne prend pas le risque d'envoyer voler un avion en papier.

Notre maître, qui n'entre jamais dans ce genre de débats, a une prédilection pour les morales de La Fontaine dont nous faisons des pages et des pages d'écriture dans notre nouveau cahier Supersonique. La plume de certains accroche le papier, et au « cratch » d'un plein ou d'un délié, le maître répond par un soupir tandis que nous nous retenons de rire. Il nous

Jeunesse en liesse.

demande de lire tous ensemble ou, exaspéré, désigne l'un de nous pour se lever et faire la lecture à haute voix. En calcul, on apprend une chanson de Boris Vian : « Ah si j'avais un franc cinquante, j'aurais bientôt deux francs cinquante… » Même au final, ça ne fait pas beaucoup d'argent. Mais, dit le maître, avec le nouveau franc ce sera différent, et pas seulement pour Boris Vian. Le tout nouveau « Jeu des 100 000 francs » s'est ainsi vu rebaptisé le « Jeu des 1 000 francs ».

Les leçons de choses pouvaient être amusantes ou bien édifiantes. Pendant le terrible hiver 1954, le maître en a consacré plusieurs aux sans-logis et nous a chargés de demander des couvertures à nos parents. À Paris, des hommes-sandwiches portent d'un côté « Vous avez un toit, pas eux », de l'autre « Donnez-leur un toit aujourd'hui – Exigez des crédits pour la construction ». Pendant que les sans-logis dorment sur la paille, d'autres patinent avec insouciance ou glissent en traîneau, enthousiastes. Les couvertures s'entassent, la « croisade de l'abbé Pierre » a ému tous les foyers.

Pierre Mendès France : du lait sur le feu

« P.M.F. » jouit d'une grande popularité auprès de l'opinion mais se heurte aux députés qui écourtent sa présidence à sept mois et dix-sept jours. Le Sunday Express *écrit en 1955 : « On se souviendra encore de monsieur Mendès France longtemps après que les autres présidents du Conseil français auront été oubliés. »*
« Vie exténuante : y résistera-t-il ? » s'interroge François Mauriac de L'Express.

En effet, en sept mois, alors qu'il se dit lui-même « néophyte complet » en diplomatie, P.M.F. met un terme à la guerre d'Indochine, procède à l'autonomie de la Tunisie et avance sur la question algérienne. Il est alors renversé par une majorité de députés partisans de l'Algérie française. Sous les huées, il déclare : « Les hommes passent, les nécessités nationales demeurent. »

Mendès-Lolo

Luttant contre l'alcoolisme, P.M.F. met en place la distribution de lait dans les écoles et les casernes. Il s'attaque au « privilège du bouilleur de cru », ce qui déplaît aux députés ruraux. Un Alsacien se serait exclamé : « Chez nous, faire son schnaps, c'est l'honneur de l'homme ! » Ses détracteurs le surnomment « Mendès-Lolo », et l'antisémite Poujade lui lance : « Si vous aviez une goutte de sang gaulois dans les veines, vous n'auriez jamais osé, vous, représentant de notre France producteur mondial de vin et de champagne, vous faire servir un verre de lait dans une réception internationale ! C'est une gifle, monsieur Mendès, que tout Français a reçue ce jour-là. »

Mendès au coin du feu

Tout comme Roosevelt pendant la Grande Dépression, P.M.F. choisit la radio pour s'adresser au plus grand nombre (en 1954 la France compte 9 millions de postes de radio, et si l'équipement en téléviseurs progresse, en 1955 il demeure 4 à 5 fois inférieur). Le président y tient en direct une « Causerie au coin du feu » ou causerie du samedi, entretenant avec le citoyen « une intimité, j'ose dire, affectueuse ». Il veut que chacun sache « exactement où nous en sommes », car « chacun doit juger lui-même les données et les décisions ». Pour Mauriac, P.M.F. introduit une « parole humaine en politique ».

De Lagardère aux petits hommes verts

Apprendre à lire nous a permis de découvrir *Le Bossu* de Paul Féval et d'imaginer un nouveau jeu. Un bout de bois pour toute épée, on invente « des bottes secrètes de Nevers », tentant de découvrir l'invincible passe du duc de Nevers. Tout à nos duels, on ignore l'appel de notre mère pour le repas. Surgit alors notre père grommelant la fameuse réplique de l'héroïque bossu Lagardère : « Si tu ne viens pas à Lagardère, Lagardère viendra à toi. »

« Lagardérettes ».

Nous nous précipitons alors dans la salle à manger. Tandis que nos parents écoutent les ennuyeuses

Glamour à la française.

« Causeries au coin du feu », notre héros de feuilleton, Zappy Max, sur Radio Luxembourg, multiplie voyages et aventures extraordinaires en s'exclamant « Ça va bouillir ! » Beaucoup d'entre nous veulent devenir reporter, comme lui et Tintin. Le Nagra change la donne. Le journaliste, désormais libéré du « fil à la patte », rapporte des enregistrements inouïs depuis les contrées les plus reculées.
« On nagra » signifiant en polonais « il enregistrera » : son nom même est une garantie. En revanche, la télévision est encore rare, et toujours en noir et blanc.

Le cinéma, en couleur, c'est bien mieux ! Depuis *Opération requins*, il n'est plus question de manquer un film d'aventures ou un western. Avec la fumée de cigarette, une atmosphère brumeuse règne dans la salle et ajoute encore au mystère sur la toile. Nos grands frères, eux, préfèrent Et *Dieu… créa la femme* : une certaine Brigitte Bardot, en bikini vichy, y montre son châssis tout en rondeurs. Nous, quand on nous parle châssis et rondeurs, on pense : Simca Aronde !

Cousteau et sa *Calypso* nous ont ouvert les portes du *Monde du silence*. Le *Naufragé volontaire* attise nos envies d'aventures flibustières, et nous lisons *20 000 Lieues sous les mers* en édition illustrée. C'est un livre qu'on ressort en

No bikini.

Le *Spoutnik* inspire aussi nos jeux.

cachette après avoir fini la prière avec notre mère. Sous les draps, on braque une lampe de poche sur les 20 000 pages à dévorer. Après tout, la pile Wonder « ne s'use que si l'on s'en sert » ! Dans *Le Journal de Tintin*, le héros de Hergé a marché sur la Lune et Dan Cooper, le pilote de la Royal Canadian Air Force, a mis *Cap sur Mars*. Au cinéma, on a vu *La Guerre des mondes* au superbe technicolor et aux impressionnants effets spéciaux. Après tout, on peut y croire : *Spoutnik*, le tout premier engin à s'aventurer dans

Était-ce avec Persil qui « lave encore plus blanc » ?

l'espace extra-terrestre, n'a-t-il pas commencé sa ronde autour du monde ?

Alors, grands comme petits, on s'équipe d'une paire de jumelles pour scruter le ciel à la recherche d'un satellite et de la petite chienne esquimau entrée dans la légende comme première voyageuse de l'espace. On entend les adultes parler soucoupes, cigares volants et « petits hommes verts ».

À en croire *La Guerre des mondes* et le témoignage de quelques paysans américains, les extra-terrestres aiment la campagne, sans doute parce que c'est plus pratique pour atterrir. Nos parents restent sceptiques, mais le garagiste dit qu'après tout il n'y a pas de raison qu'ils n'existent pas et qu'après tout encore ils sont peut-être gentils et vont nous sauver de cette guerre qui n'en finit pas – « Elle a beau se déplacer loin de chez nous, c'est toujours la même. »

Usines et mécanique

À défaut de soucoupes volantes, on va avec excitation chez les concessionnaires pour découvrir les derniers modèles : 403, DS, nouvelle Dauphine... Mais on ne vit jamais la Porsche Spyder dans laquelle James Dean s'était tué. Un excès de vitesse a été fatal au héros de *La Fureur de vivre* alors âgé de vingt-quatre ans, et qui avait

James Dean dans une Porsche 550 Spyder.

Chantier de sable.

pour devise « Vivre vite, mourir jeune et laisser un beau cadavre »... Il avait surnommé sa Porsche « Little Bastard » et sans doute le sort n'avait-il pas pu, une fois de plus, résister à la tentation de l'ironie.

Le sport automobile connaît le plus meurtrier de ses accidents avec les 24 Heures du Mans de 1955 : la collusion de Levegh et Maklin fait 82 morts et une centaine de blessés. Survient alors la crise de Suez, qui en quelque sorte limite les accidents puisque les autos désertent les rues. On compte 3 millions de véhicules en France. Le journal télévisé dispense des conseils pour réduire sa consommation : conduire moins vite et en souplesse. Tandis que les buralistes vendent la vignette indispensable à l'attribution de bons, les mairies distribuent des tickets aux taxis. L'essence va prioritairement à l'industrie, mais certains ont pris les devants en se constituant des réserves personnelles.

Nos petites mains étant leur seul carburant, nous n'avons pas ce genre de soucis avec nos propres autos. En zamac, elles résistent aux accidents spectaculaires que nous organisons sur le tapis. Elles finissent tout de même un jour à la « casse », que notre mère appelle prosaïquement « poubelle ».

C'est aussi l'époque des grands emprunts, des « bons 5 % à prime indexée ». À coups de records techniques, on inspire confiance à la population. Après tout, la SNCF ne détient-elle pas le « Ruban bleu » du rail ? Le téléphérique de l'aiguille du Midi n'est-il pas le plus haut du monde ? L'écluse de Donzère Mondragon la plus moderne ? Et l'avion français Mystère IV, le premier appareil supersonique européen à être fabriqué en série ? Les emprunts SNCF contribuent à l'électrification de son réseau, ses locomotives atteignant 330 km/h et ses wagons tubulaires s'inclinant dans les virages. La Régie Renault équipe le métro de pneus, tandis que Tokyo inaugure le premier monorail aérien. La mise à la ferraille du *Lamartinière*, bagne flottant qui transportait les prisonniers à l'île du Diable, s'achève.

Dans les usines ou sur les chantiers, les prêtres-ouvriers font face à un choix difficile, le pape Pie XII ayant décidé de mettre fin à cette expérience missionnaire. Selon lui, les prêtres évangélisent moins les ouvriers que ceux-ci ne les convertissent au communisme. Certains quittent leur emploi, mais d'autres continuent de travailler auprès de leurs ouailles industrieuses. Et si les prêtres rebelles veillent sur l'âme des ouvriers, d'autres s'occupent de leur santé : du lait leur est servi et des distributeurs automatiques de boissons sont installés pour parer à la tradition du litre de vin journalier,

Le Naufragé volontaire

Le docteur Alain Bombard fait partie de ces savants aventuriers qui se soumettent eux-mêmes à leurs expériences scientifiques. Visage rond, barbe et entrain, il a tout du capitaine jovial.
*Tout jeune médecin, il exerce à Boulogne-sur-Mer quand survient un naufrage assassin. Il commence ses investigations et embarque sur l'*Hérétique*, canot pneumatique à une voile, pour traverser l'Atlantique. Il a pour tout équipement un sextant, un filet à plancton et des lignes de pêche. À son retour, il a perdu vingt-cinq kilos, mais il a gagné la conviction qu'on peut survivre en mer. Presser des poissons pour en boire l'eau, se nourrir de plancton et surtout ne pas céder au désespoir : voilà la solution.*
Il publie son aventure de Naufragé volontaire. *En 1958, dans le Morbihan, il met à l'épreuve de la barre d'*Étel*, son nouveau canot pneumatique. Il se retourne, de même que le bateau de sauvetage venu à son secours, et sur quatorze hommes, neuf trouvent la mort. L'événement soulève la controverse : on débat du droit de la science à user dangereusement de l'humain au nom du progrès. Quoi qu'il en soit, les vieilles chaloupes seront remplacées par des canots pneumatiques.*

Affiche du Front national, 1957.

qu'on estime responsable de graves accidents du travail.

Du *Monde* à *Détective*

Les mesures anti-alcool, les parents en discutent avec une certaine ironie dans les yeux, nos aînés haussent les épaules avec désinvolture et nous, qui n'avons pas dix ans, les imitons, la désinvolture en moins. Pendant les repas familiaux, les cousins, les tantes et les oncles s'échauffent. Leurs joues rougissent à cause des soleils d'Indochine et d'Algérie, ou des froids soviétiques. Ils se tapent dessus à coups de *France-Soir* et de *Monde*. Un cousin éloigné, qui travaille dans la presse, scande en secouant la tête : « C'est l'AFP qui l'a dit. » L'Agence France Presse est l'arbre isolé de toutes ses foudres : relais du discours officiel, ses dépêches sont autant d'injures à la liberté de la presse ! Et il recommence à secouer la tête en regrettant la mort de Capa, reporter photographe qui a sauté sur une mine en Indochine. Une tante frêle, à qui la daube n'a jamais profité, murmure tout bas : « Au moins, la guerre n'est plus chez nous. » Et l'oncle, que son litre de blanc a rendu téméraire, s'exclame, le poing sur la table : « Terrassons les rebelles ! » Un jeune cousin lance d'une voix fluette : « Le prix s'oublie, la qualité reste » et « Je n'ai aucune peur d'être appelé par l'armée. » Ayant entendu sur Europe 1 « Le Déserteur » de Boris Vian, il se félicite que la chanson ait été interdite.

La matriarche de la famille pousse un soupir las puis sort son sachet de Boldoflorine, « la bonne tisane pour le foie », en grommelant « Il faut mourir jeune le plus tard possible. » Les slogans ont trouvé une place dans sa mémoire pourtant encombrée de deux guerres et du spectacle de Buffalo Bill. Elle s'est lassée des armes et s'égaye des biens de consommation. Ne

Jean Gabin dans le film inspiré de l'affaire Dominici.

manquant aucun *Magazine féminin*, elle parle des baignoires en plastique et raconte qu'elle a vu au Salon des arts ménagers des maisons tout en verre et acier. Le reste de la famille la regarde d'un œil perplexe. On y devine une lueur d'indignation que le respect de l'ancêtre fait vite disparaître.

Le Monde publie le rapport Khrouchtchev en feuilleton, jour après jour, soulevant de nouvelles discussions passionnées. À la « propagande anti-communiste » de certains, d'autres répondent « trahison soviétique » ou « grande déception ». Les communistes ont été les seuls résistants, entend-on d'une oreille, et de l'autre : de Gaulle et les Américains nous ont sauvés. « Les amerloques, parlons-en ! », et ça repart de plus belle avec le bus de Montgomery. La noire Rosa Parks s'est faite arrêter parce qu'elle a refusé de céder sa place à un blanc. Un pasteur du nom de Martin Luther King a organisé un boycott des bus qui dure près d'un an. La cour suprême déclare inconstitutionnelle la ségrégation dans les transports après l'avoir fait pour les écoles. Conclusion pour certains : les « amerloques », qui ne règlent leurs problèmes qu'à coups de concessions mesquines, ne peuvent décidément pas être les héros de la guerre. Grignotant des biscottes Saint-Luc, nous faisions bien moins de chambard que les adultes.

On guette le voisin pour qu'il nous donne les dernières nouvelles du crime de Lurs et de la ferme de la Grand Terre. Fervent lecteur de *Détective*, il nous montre les dessins de Di Marco et nous fait plonger dans l'horreur du « Clan Dominici ». Nos aînés menacent parfois de nous confier aux bons soins de l'« affreux vieillard », l'« abominable aïeul », du « patriarche assas-

Dinky Toys, la plus fameuse des marques de jouets de collection

Ils sont nés en 1934 au Royaume-Uni. « Jouets mignons » en anglais, il sont de « petits jouets de rien du tout » en américain. Pourtant aujourd'hui, pour peu qu'on ait gardé la boîte jaune d'origine, ils valent une fortune. À tel point que Solido, leur concurrent français, a remisé ses anciens moules pour ne pas casser le marché des collectionneurs.
Au départ, Franck Hornby crée en 1898 un jeu de construction qu'il commercialise sous la marque « Mechanics Made Easy », qui deviendra en 1907 « Meccano ». Les circuits des trains Meccano-Hornby sont déjà dotés de décors comprenant bâtisses et personnages. Mais dès les années trente, quelque chose manque dans ces paysages : la voiture. La marque crée alors la gamme Hornby Modelled Miniatures. Petits camions et petites autos ont un succès tel qu'ils méritent leur propre marque : « Dinky Toys » est née.

1959-1962
Ferme & Rock’n’wall

B.B. dans sa « scandaleuse » robe de mariage vichy.

oin », autrement dit Gaston Dominici.

Auto et poule au pot

Enfin, nous avons une voiture ! Un jour, nous entendons klaxonner dans la cour et découvrons avec stupeur une Simca Aronde. L’un de nous se place au volant tandis que l’autre soulève le capot pour examiner la prodigieuse mécanique. Puis nous échan-

Chronologie

1er janvier 1959
Fidel Castro prend le pouvoir à Cuba et installe un régime socialiste à proximité des États-Unis. Ce qui déplaît fortement à Washington, intéresse vivement Moscou et inquiète le monde entier.

3 février 1959
Ritchie Valens, Buddy Holly et Big Bopper meurent en tournée dans un accident d'avion, jour connu aux États-Unis comme « *the day the music died* » (« le jour où la musique est morte »).

18 juin 1959
Le mariage de Brigitte Bardot, en femme-enfant dans une robe champêtre à carreaux roses, scandalise et lance la mode du vichy.

30 juin 1960
Le Congo belge est proclamé indépendant et devient la République démocratique du Congo.

14 décembre 1960
Les Nations unies, « convaincue[s] que tous les peuples ont un droit inaliénable [...] à l'exercice de leur souveraineté », « proclame[nt] solennellement la nécessité de mettre rapidement et inconditionnellement fin au colonialisme ».

24 février 1961
Le premier festival de rock a lieu à Paris avec, entre autres, Johnny Hallyday à l'affiche.

23 avril 1961
Le président de Gaulle apparaît à la télévision en uniforme de général pour interdire à tout Français et tout soldat d'exécuter les ordres du « quarteron de généraux en retraite ».

13 août 1961
Depuis 1949, 3 millions de personnes ont quitté l'Allemagne de l'Est pour l'Ouest. En cette nuit d'été commence la construction du « Mur de la honte ».

11 juillet 1962
La Mondovision naît avec la première émission transcontinentale entre l'Amérique et l'Europe, via le satellite Telstar.

28 octobre 1962
Par référendum, les Français approuvent l'élection au suffrage universel du président de la République.

Plus fier que le Pape.

geons nos places, en claquant vigoureusement les portières avec ce bruit de courant d'air qui donne l'impression « d'être dans le vent ». Certes ce n'est pas une DS, pas même une Citroën, qui, à en croire les concessionnaires, a « sauvé la vie du général » lors de l'attentat du Petit-Clamart (version différente de celle du président, qui déclarait : « J'ai eu de la chance. ») Mais désormais, nous avons une auto : finis le train, la micheline et la marche à pied !

Le jour du départ, à l'aube, nous montons dans l'Aronde avec un panier d'œufs durs et du poulet cuit. Les autoroutes sont encore rares, les trajets longs. Nous avons parfois un invité sur notre banquette, un membre de la famille, un ami de nos parents ou bien un auto-stoppeur. La première fois que nous arrivons en voiture chez nos grand-tantes, tout le village défile dans la cour pour voir la Simca. Il faut dire que seuls le garagiste et le châtelain ont une auto, mis à part le petit camion tube du boulanger et du boucher itinérants. La moissonneuse-batteuse, elle, passe de ferme en ferme. Dans la cour, nos grand-tantes servent une poule au pot à une tablée de cinquante personnes et nous n'avons pas à demander la permission de sortir de table. Munis de fourches, nous faisons la course aux rats – et si une fouine est signalée, ses crimes et délits alimentent toutes les conversations. On installe de grands pièges, et celui qui l'attrape a le privilège de suspendre le petit corps poilu à la grille de sa maison.

Ascension du « Mont Caillou ».

Quand on passait l'été là-bas, on retrouvait notre jeu de la Vache qui rit, nos pistolets de cow-boy, les lapins dans leurs clapiers et les poules dans la cour. Le soir, on voyait les vaches à l'abreuvoir et on assistait à leur passage sur le pèse-vaches avant qu'elles aillent « se vendre » au marché.

On n'a de cesse de plumer le grand marronnier, arbre magique quand on joue à Robin des Bois ou Thierry la Fronde. Ses branches sont idéales pour fabriquer des flèches, et il suffit d'ajouter un caoutchouc à celles en forme de Y pour réaliser une fronde honorable. On tire sur les chats, mais pas sur les poules : on risquerait de les assommer et leur sort est à la seule discrétion de nos grand-tantes, qui nous servent souvent des omelettes au sang

West Side Story :
d'un classique à un autre

Tout commence avec Jerome Robbins, chorégraphe et metteur en scène. Il souhaite créer un Roméo et Juliette *actuel et musical. Il s'entoure du compositeur Leonard Bernstein et du dramaturge Arthur Laurents (scénariste de* Bonjour Tristesse*), qui proposent de remplacer les familles rivales de la tragédie par des gangs. L'immigration portoricaine est alors importante, notamment dans le* West Side *de New York. Le fameux balcon de Juliette devient une plateforme d'escalier de secours.*
Le spectacle reste plus de deux ans à l'affiche de Broadway, se distinguant de nombreuses comédies musicales un peu niaises. Un producteur hollywoodien venu le voir décide de le porter à l'écran. Il place à la réalisation Robert Wise, monteur de Citizen Kane. *Juliette / Maria sera interprétée par Nathalie Wood* (La Fureur de vivre). *Robbins veut être de l'aventure mais, perfectionniste obsessionnel, il met deux mois à tourner le prologue aux fameux claquements de doigts, unique scène en décors réels. Le producteur s'impatiente et Robbins est remercié. En 1962, le film rafle dix Oscars, le même nombre qu'*Autant en emporte le vent *en 1939. Deux d'entre eux vont aux meilleurs seconds rôles Rita Moreno et George Chakiris, qu'on verra dans* Les Demoiselles de Rochefort. *Leur interprétation d'Anita et Bernardo remise celle de Roméo et de sa Juliette au second plan : la question raciale, l'énergie des scènes de gangs et la remise en question du rêve américain ne font plus de la tragédie de Shakespeare qu'un prétexte.* West Side Story *devient à son tour un classique.*

de poulet.

Cherchez l'erreur !
(Réponse : les baskets au premier rang)

Frisbee et triporteur

Nous voir construire des *casemates* et jouer à la guerre met notre mère hors d'elle. Nous n'avons pas encore d'auto quand, à bout de forces et d'idées, elle pédale jusqu'à la ville et revient avec un Jokari, un frisbee et un grand cerceau. On s'amuse alors à ces jeux de foire où il s'agit d'envoyer un cerceau sur une statuette, chacun alternativement lanceur et cible. Mais l'objet étant officiellement destiné à faire du hula hoop, il dispa-

Photo clandestine de la base américaine de l'OTAN de Châteauroux.

raît très vite de nos mains, nos grand-tantes considérant cette pratique comme un excellent exercice pour leurs hanches soi-disant asymétriques.

Avec le Jokari, l'enthousiasme premier est vite retombé. En revanche, on adopte définitivement le frisbee, qui prit malheureusement le large un jour où l'on essayait de se le lancer d'une rive à l'autre de la rivière.

Nous réservons le canal à un autre usage. Dans l'eau, l'un de nous s'accroche à une planche de huche à pain tandis que l'autre, depuis la rive, tire le premier à l'aide d'une corde, en courant le plus vite possible pour essayer de le faire tomber. Parfois, Angelo, un habitant du village, interrompt nos jeux pour nous prévenir que notre père s'apprête à nous téléphoner. Il reçoit les appels pour tout le monde et délivre de vive voix un « préavis téléphonique ». Il faut ensuite se rendre chez lui à l'heure dite pour attendre que sonne l'unique téléphone du village.

Vacances mises à part, nos parents n'utilisent la voiture que rarement. Mais l'ouverture du nouvel aéroport d'Orly est une occasion à ne pas manquer. Malheureusement, tout le monde veut se poster derrière les grandes

Halte logistique.

vitres pour voir décoller et atterrir les avions désormais à réaction. La foule a dissuadé nos parents, et l'on a dû se contenter d'observer les avions venus du monde entier depuis le bas-côté de la route.

Cet événement confirme l'envie que nous avons de troquer notre bicyclette pour une brèle, et non un Solex comme Janique Aimée. En attendant, nous nous contentons d' « emprunter » à Nicolas son triporteur. Nous avons la chance d'avoir un voisin exagérément porté sur la bouteille : aussi le livreur du caviste passe-t-il souvent. Dès que nous entendons sa pétarade, nous nous précipitons dans la rue, nous nous saisissons de l'engin et nous faisons, à la Speedy Gonzales, le tour du pâté de maisons. Puis, ni vu ni connu, nous le laissons là où nous l'avons pris.

Un skieur ne sachant pas chausser ses skis ne sait pas skier.

Patinoire et blousons noirs

À l'époque, les jeunes qui inquiètent s'appellent les blousons noirs. On les croise dans la rue, les squares ou à la patinoire. L'un d'eux m'aime bien, allez savoir pourquoi. Peut-être m'a-t-il surpris sur le triporteur de Nicolas. Après tout, les blousons noirs ont eux aussi cette habitude d'« emprunter » des motos, à cette différence près qu'ils ne les rendent pas à leur propriétaire. Les journaux les traitent de voyous, de vandales, racontent qu'ils s'attaquent aux étudiants à coups de chaînes de vélo, de barres de fer, de poings américains et, pour les mieux équipés, de crans d'arrêt ou de matraques appelées « goumis » ou « bidules ». On dit que c'est les gars des HLM, des quartiers pourris, et qu'ils l'ont mauvaise. La scolarité obligatoire jusqu'à seize ans vient tout juste de passer, certains d'entre eux travaillent depuis l'âge de quatorze ans. Ils n'ont pas eu la chance de ces « snobards » d'étudiants de la bourgeoisie.

Marlon Brando et sa bande de *L'Équipée sauvage*, film de László Benedek (1953).

Tourneurs, mécanos ou plongeurs, quelque chose en eux veut préserver leur jeunesse. Ce sont des *Rebel[s] without a cause*, le titre anglais de *La Fureur de vivre*, c'est ce James Dean là, c'est le Brando de *L'Équipée sauvage* et c'est *le « Rock around the clock »* de Bill Haley dans *Graine de violence*. *West Side Story* sort tout droit de cette Amérique où des écoles de Little Rock refusent d'accueillir les noirs sur les bancs des blancs. Nous, nous admirons sur la toile Jean Marais dans le rôle de notre héros de toujours, Lagardère. Comme films de cape et d'épée, nous avons aussi découvert *Les Trois Mousquetaires* et *Cartouche*. Mylène Demongeot traverse nos rêves et Jack Palance nos cauchemars.

À la radio, on suit les aventures inénarrables des détectives Black et White et du commissaire Socrate dans « Signé Furax ». On n'a toujours pas de télévision,

« Snobard » d'étudiant (spécimen).

mais on la regarde chez un copain. On y découvre les machines des usines et les inventions du Concours Lépine. On voit aussi exploser la première bombe atomique du pays, l'appareillage de l'imposant *France*, les entrailles de Fréjus. Et pourra-t-on jamais oublier l'interlude du « Petit train Rébus » promenant ses wagons énigmatiques et délivrant des morales édifiantes ?

Mylène Demongeot dans *Bonjour Tristesse*, film d'Otto Preminger adapté du roman de Françoise Sagan.

L'homme qui changea de couleur

En 1959, en Louisiane, un blanc de quarante ans fait part à un docteur de sa décision de « devenir noir ». Il se voit prescrire des pilules et des séances d'ultraviolets. Cet homme, c'est l'écrivain-journaliste John Griffin. Il s'inquiète du taux de suicide chez les noirs des États du Sud. Il sait aussi qu'une simple enquête journalistique se heurterait à la méfiance régnant entre les communautés. Lui vient alors cette idée : changer de couleur de peau et vagabonder dans le vieux Sud en tant que cireur de chaussures.

Les blancs lui jettent le « hate-stare » *(regard fixe et haineux) réservé aux noirs, lui donnent la sensation d'être transparent, ou lui demandent des détails scabreux sur sa sexualité forcément dépravée.*

Mais le grand choc pour Griffin, c'est la difficulté de survivre. Manger, boire, aller aux toilettes... ne sont des choses évidentes que si et seulement si on est blanc. Car si on est noir, le café du coin n'est pas une option. Alors on cherche : « whites only » *(blancs seulement),* « whites only », « whites only »*... et on sait qu'on a trouvé quand on voit* « colored »*. Mais il y a rarement un* « colored » *du coin et il faut couvrir une distance bien démesurée pour des besoins si élémentaires.*

En apprenant l'odyssée noire de Griffin, les blancs de sa ville au Texas se sentent trahis, et pendent symboliquement celui qui était redevenu entre-temps un citoyen « first class » *et un militant acharné de la cause des noirs. Le livre de Griffin,* Dans la peau d'un noir (Black like me)*, a pourtant connu un succès considérable.*

Sous les yeux de Youri Gagarine et de John Glenn

Fidel Castro, qui n'a de rassurant que le prénom...

Notre père va manifester avec des parents et des étudiants en sursis d'incorporation. Sur les pancartes, on lit « Algérie indépendante », « Non à l'OAS », « Paix en Algérie » – ce qui signifie aussi : « N'envoyez pas nos garçons au front ! » « Cinq colonnes à la une » consacre sa toute première émission du 9 janvier 1959 au sergent Robert, jeune appelé de la compagnie opérationnelle d'Algérie. Les manifestations, parfois interdites, se terminent souvent mal. Ma mère s'inquiète des matraques de la police et de ces mains qui brandissent comme un poing les pancartes « Algérie française ». On parle attentats, putschs, violences policières. Et de ces massacres, dans la Seine, au métro Charonne, d'Algériens à qui on refuse ce nom pour les appeler « Français musulmans » ou « ratons », « melons », « bicots »...

À nos âges, nous n'avons pas vraiment conscience du drame. Nous accompagnons nos parents aux référendums sur l'Algérie et sur le mode d'élection du président de la République. C'est l'occasion de pénétrer dans ces mystérieuses petites cabines aux rideaux trop courts. Ceux qu'on appelle les « abstentionnistes » ne sont que des gens qui jouent à « ni oui ni non », explique un jour ma mère à notre petite voisine.

Enterrement des victimes de la manifestation du métro Charonne à Paris, en 1962 (*Le Cortège du 13 février 1962* par A. Fougeron, 1963).

Dans cette période houleuse, la nature semble vouloir prendre part au chaos : éruption à Hawaï, séismes au Chili, en Iran, au Maroc, ce dernier rayant Agadir de la carte et donnant naissance à l'expression menaçante « Attention ! J'ai le mollet qu'a fait trembler Agadir. » Sans oublier la catastrophe du barrage de Fréjus-Malpasset.

Depuis Cuba, le guerillero Fidel Castro, à l'allure romantique et au prénom rassurant, nous tient tous en haleine. Craignant une nouvelle guerre mondiale, certains stockent des conserves et des bidons d'essence. Dans la République démocratique du Congo, une longue période de troubles débute, et la guerre d'Indochine devient la guerre du Vietnam. Un mur s'élève à Berlin, brisant familles, amis et espoirs de rejoindre l'Ouest. Sera-t-il, comme la muraille de Chine, visible depuis l'espace ? Je crois que c'est ce mur qui m'impressionna le plus – la guerre, on y jouait, c'était différent. À cet âge où s'ouvrent les horizons et où se conquiert la liberté, un mur prend le pas sur tout le reste. Les adultes en parlent d'un point de vue qui nous est encore étranger : pour eux, c'est le symbole de la division de l'Europe.

En août 1961, Conrad Schumann saute par-dessus le barbelé de la Bernauerstraße, à l'emplacement du mur de Berlin.

Le King (Elvis Presley), simple soldat.

Rock'n'roll et bémol

La grande sœur du copain qui a la télévision regarde « L'École des Vedettes », écoute et lit *Salut les Copains.* Ses « idoles » ont son âge, et à Paris, les studios invitent à auditionner. Vian et Salvador s'adonnent à la parodie sous le nom d'« Henry Cording and his original rock and roll boys », se rebaptisant en anglais comme Johnny Hallyday, Frankie Jordan et Eddy Mitchell – qui change cependant ses Five Rocks en Chaussettes noires. Quant à Dany Boy et ses Pénitents, ils ont trouvé un compromis entre les deux langues ; Danyel Gérard s'est contenté d'helléniser le « i » de son prénom ; Les Chats sauvages, Les Pirates et Les Champions en sont restés au français.

On s'échange le même titre interprété par des chanteurs différents. Le Super 45 tours consacre un artiste, ses quatre titres signifiant qu'il a franchi avec succès l'étape du 45 tours simple. Tout en tressant un scoubidou, la sœur du copain qui a la télé dit qu'à notre âge, Paul Anka a déjà vendu des millions de disques, et met « Diana » en boucle. Avec le risque de faire fondre le vinyle… Heureusement son tourne-disques est équipé d'un diamant et non d'un quelconque saphir. On n'a pas le droit d'y toucher, idem pour les disques et les pochettes, y compris celles des Spotnicks en combinaison d'astronautes.

Cette fille a assisté au premier festival de rock où jouaient des groupes européens, Frankie Jordan et bien sûr Johnny Hallyday, qui a déchaîné la foule en lançant le « cri de la jeunesse ». La menace de l'interdiction des concerts de rock plane. On a électrisé les guitares et désormais les guitares électrisent les jeunes jusqu'à l'épilepsie ; « idole » est un terme païen, bref : le malin n'est pas loin. Mais la Gibson Les Paul et la Solid Body, tendrement surnommée « Solid boy », continuent de faire résonner leurs accords dans la tête des vieux con(servateur)s. Depuis Bobino à Paris, Jacques Brel lance son déchirant et inoubliable « Ne me quitte pas », tandis que meurent Boris Vian et Gérard Philipe.

Dans son bateau de fête foraine, Françoise Hardy espère « le jour où moi aussi j'aurai quelqu'un qui m'aime ». Nous, nous n'avons pas encore *La Fièvre dans le sang*, film de Kazan, et ne connaissons pas non plus la diabolique *Douceur de vivre*, autre titre de *La Dolce Vita*. Toutefois, la curiosité et l'admiration que nous portons à nos aînés nous pressent d'entrer dans les « Sweet little sixteen » de Chuck Berry.

Le King, lui, revient de son service militaire – mais selon John Lennon, « Elvis est mort le jour où il est entré à l'armée ». Il cède en effet aux nouvelles tendances et déserte la scène pour le cinéma. Eddie Cochrane et Buddy Holly meurent dans un accident ; « Gégène » Vincent encaisse tout juste ses nombreuses cascades de moto sur lesquelles plane la mort de James Dean ; l'extravagant Little Richard, devenu pasteur, prêche désormais quelque part en Alabama. Et nous arriverons trop tard : le twist et le « Yeah » des rockers devenu « yéyé », mettent un bémol au premier rock'n'roll.

Mafia, cinéma et coup d'État

Pendant la période de la Prohibition aux États-Unis (1920-1933), l'île de Cuba est plus paradisiaque que jamais : alcool à volonté, cocktails tropicaux, et tout un éventail de voluptés, du jeu à la prostitution. Al Capone puis Lucky Luciano y étendent leur empire. Une fois la prohibition abolie, le succès de l'île ne se dément pas. Destination aussi délassante qu'étourdissante, elle attire Errol Flynn, Ava Gardner, Hemingway, Sinatra... C'est dans un palace de La Havane, Le Nacional, que Luciano réunit les grands chefs de la mafia pour une conférence au sommet. À l'ordre du jour : l'organisation du trafic international d'héroïne. S'étant assuré avec force dollars la bienveillance de Batista, alors à la tête de Cuba, le syndicat du crime est en paix. En 1959, le coup d'État de Fidel Castro change la donne. Celui-ci met débauche et perdition sur le dos du modèle américain. Il ferme les lieux de plaisirs : l'austérité s'installe.

1963-1966

Et dans deux ans 68 serait là…

Belmondo dans *Pierrot le fou* de Godard (1965).

Les brumes du passé

Être élève dans un lycée mixte est alors une chance. Certes, la mixité est sujet à débat et on s'interroge aussi sur l'âge adéquat. Pour beaucoup, l'enfant ne pourra s'adapter qu'en entrant en sixième ou en terminale : entre les deux, c'est l'âge de la fragilité et le danger d'une sexualité précoce. Pour certains, le lycée mixte favorise les bons résultats parce qu'il met en

Chronologie

22 juin 1963
Place de la Nation à Paris, plus de 150 000 jeunes fêtent, avec Hallyday, Vartan, Richard Anthony et Danyel Gérard, le premier anniversaire du magazine *Salut les Copains.*

11 octobre 1963
Édith Piaf disparaît, suivie de Jean Cocteau qui n'aurait pas survécu à l'annonce de la mort de son amie.

30 août 1963
Suite à la crise des fusées à Cuba, une ligne télex codée, surnommée « téléphone rouge », est installée entre le Kremlin et la Maison Blanche.

22 novembre 1963
Kennedy est assassiné. L'image de son fils John-John lors de ses funérailles sera sur toutes les télévisions.

12 juin 1964
Accusé de complot contre l'État, Nelson Mandela est condamné à la prison à vie. Il sera libéré vingt-sept ans plus tard.

18 mars 1965
Alexeï Leonov sort pendant dix minutes du vaisseau auquel il est relié par une sorte de cordon ombilical, et devient le premier piéton de l'espace.

20 mars 1965
France Gall remporte le Grand Prix Eurovision en chantant « Poupée de cire, Poupée de son » de Gainsbourg.

13 juillet 1965
Les femmes n'ont désormais plus besoin du consentement de leur mari pour exercer une activité professionnelle séparée, ouvrir un compte en banque et gérer leurs biens.

29 octobre 1965
Des policiers français enlèvent en plein Paris le leader de l'opposition marocaine, Medhi Ben Barka, qui sera assassiné.

14 juin 1966
Le pape Paul VI met un terme à l'index *Librorum prohibitorum*, auquel on doit l'expression « mettre à l'index », qui interdisait la lecture de *Madame Bovary, Les Misérables, Le Rouge et le Noir, Les Trois Mousquetaires...*

compétition garçons et filles. Pour d'autres, la présence de l'autre sexe nuit à la concentration.

Malgré mon âge, ma mère continue à surveiller mes lectures. Les classiques au programme se retrouvent décorés de trombones : ils maintiennent entre elles les pages que la censure maternelle m'ordonne de passer. L'irrésistible charme de l'interdit me pousse à les libérer, mais malgré leurs diaboliques promesses, je n'y découvre souvent qu'une scène vaguement érotique. Si les profs sont autorisés à fumer en classe, nous n'avons même pas ce droit dans la cour et le « sur-gé » y veille. À la sortie du lycée, on fume une P4, du nom de ces paquets comptant quatre « parisiennes ».

Notre prof d'histoire fume tant qu'il fait de la classe un sanctuaire des brumes du passé : telle qu'on l'enseigne, la guerre est encore dans le brouillard. Le gouvernement de Vichy n'était pas la France. La France, c'était la résistance, c'était l'héroïsme de ses hommes et de ses femmes. Quand, au cours de cette leçon, le professeur tousse, on peut se demander si ce n'est qu'une gêne dans la gorge. Il y a aussi cette prof de français qui veille à nous ouvrir de nouveaux horizons avec le ciné-club et quelques savantes déclarations, comme : « Il est plus agréable de faire l'amour le matin que le soir. »

Au cinéma, on va voir les comédies aventurières de Philippe de Broca avec Françoise Dorléac et Belmondo, dont le charme n'a rien à voir avec celui de Hallyday ou de Delon. Mais à

Manifestation contre la guerre du Vietnam.

eux trois, ils se partagent le cœur des filles, sans pour autant importuner James Dean qui y a fait sa place depuis longtemps. James Bond enchaîne les missions et ses gadgets supplantent toutes les inventions du concours Lépine.

La Nouvelle Vague continue sa percée avec François Truffaut et Godard. Utilisant le Nagra et préférant la rue au studio, ils font des films plus proches de nous. À la télévision, désormais dotée d'une deuxième chaîne, Thierry, dans son feuilleton, use de sa fronde, et l'émission « Âge tendre et tête de bois » réclame au standard SVP les résultats du vote des téléspectateurs. À la radio, Geneviève Tabouis nous informe des « dernières nouvelles de demain » : « Attendez-vous à savoir... ». On entend parler de l'usine marémotrice de la Rance, des funérailles d'Édith Piaf et de Maurice Thorez rassemblant des milliers de gens, de l'assassinat du sémillant et moderne président Kennedy, puis de l'assassinat de son assassin, des Beatles qui ont reçu une distinction de la reine, du *Petit Livre rouge*, du Vietnam et des Jeux olympiques de Tokyo où de nouveaux tests biologiques permettent de détecter si un homme se fait passer pour une femme dans les compétitions féminines.

Le baiser devant le lycée

Des amis, menacés d'exclusion pour s'être embrassés devant le lycée, rédigent un texte que le père d'un copain sort en tracts ronéotypés. Nous les distribuons à la sortie du lycée et le conseil de discipline revient sur sa décision. Plus tard, nos amis passeront devant le maire, l'épouse en pantalon rouge… Le café près du lycée, avec son flipper, est notre point de ralliement. Son Scopitone, avec ses ancêtres de clips, attire les curieux. Certains sont réalisés par Lelouch, dont le film *Un homme et une femme* passe au cinéma. En buvant un diabolo ou un café crème, nous parlons musique, politique, manifestations…

Détente, copines et trèfle à quatre feuilles.

Valse des pancartes et banderoles dans le vent.

Parmi ces dernières, il y a celles contre l'armement atomique, où nous apercevons ce sympathique hurluberlu qui préfère multiplier les épingles plutôt que de céder aux sirènes de la société de consommation en s'achetant un nouvel habit. Outre nos activités militantes, nous allons dans des boums ou des « surpats » qui commencent l'après-midi pour se finir à minuit. La sœur du copain qui a la télévision nous apprend à danser le madison et le twist en s'amusant de notre gaucherie. À force de répétitions sur « Twist à Saint-Tropez », nous sommes parés. Les garçons s'engagent auprès des parents à ramener leurs filles saines, sauves et vertueuses. On fait entrer du rhum clandestinement pour savourer quelques Cuba libre tandis que les parents demeurent en exil à l'autre bout de l'habitation. Nous faisons tous un effort vestimentaire, et les filles reçoivent une autorisation exceptionnelle. Alors que même avec le plus timide des décolletés, elles n'ont le droit ni de sortir de la maison, ni d'entrer au lycée, et que seul le pantalon « qui ne fait pas mauvais genre » est toléré, dans les surpats, décolleté et jupe courte sont de rigueur. Mary Quant a beau recevoir les honneurs de la reine Élisabeth, sa mini-jupe n'est pas encore vraiment de mise en France. Les talons sont rares, et on se maquille en chemin dans les toilettes d'un bistrot ou le hall de

Prise par surprise.

France Gall, gagnante du Grand Prix de l'Eurovision avec « Poupée de cire, Poupée de son » de Serge Gainsbourg.

l'immeuble. Les garçons, munis d'une capote Olla, s'apprêtent à faire du gringue. Chacun vient avec ses disques : devant la platine, il arrive que la cacophonie couvre la musique, l'un défendant un certain artiste, l'autre réclamant un slow... Et « Sag Warum » de Camillo Felgen devient le refrain de mes premiers émois. Un préposé à la lumière est chargé d'éteindre au moment précis où le saphir touche le disque, secret d'un slow langoureux.

Pour faire une cour élégante, les garçons offrent des fleurs, envoient un pneumatique ou un microsillon personnalisé : dans certains cinémas, on peut enregistrer son message dans une cabine et récupérer le disque cinq minutes après. Pour conclure, le must est une 2CV aux banquettes escamotables. Mais sans pilule, ce n'est pas sans conséquence : il arrive qu'une quête s'organise au lycée pour financer le voyage d'une fille en Suisse. Certaines cliniques pratiquent l'avortement, mais les médecins restent prudents. L'interdiction d'exercer est alors la sentence la plus clémente de ce pays qui, vingt ans plus tôt, guillotinait encore une faiseuse d'anges.

La poupée révolutionnaire

C'est le 9 mars 1959 à la Foire du jouet de New York qu'on aperçoit Barbie pour la première fois. Elle a déjà ses 29 centimètres de hauteur, sa poitrine haute, sa taille de guêpe, ses longues jambes et, pour l'occasion, ne porte qu'un maillot de bain. L'accueil que lui font les médias est digne des plus grandes stars. Tout juste sortie de son moule, la jeune femme est une vedette, et son impresario Mattel un révolutionnaire du jeu : une poupée n'est plus obligatoirement un enfant. Avec Barbie, on joue à autre chose qu'à la maman, on peut aller travailler et même, à partir de 1961, sortir avec Ken.

La poupée connaît un succès immédiat mais soulève la controverse. Comment ose-t-on placer entre des mains d'enfant un tel fantasme masculin ? En face, on entend que Barbie est l'icône de la femme moderne. Elle libère les petites filles du traditionnel rôle de maman mais aussi d'épouse, puisque Barbie n'a pas de mari mais un petit ami. Sa créatrice est un peu de tout ça : entrepreneuse, elle a monté la société Mattel qu'elle dirige avec son époux, et les noms des poupées sont les diminutifs de Barbara et Kenneth, ses deux enfants.

La lettre de Berlin-Est

Le Noël de ma quinzième année n'a jamais été égalé ! Sous le sapin et la cire de bougie, se cachait un paquet rond tout fripé, ma mère recyclant le papier cadeau d'une année sur l'autre.

Il contenait un casque avec des oreillettes en cuir. Ma motobécane bleue était en bas. J'ai remercié vite fait le Père Noël et je suis parti faire un tour dans la nuit d'hiver. La Flandria, ce serait pour plus tard, avec les sous que j'aurai gagnés.

On est alors nombreux à travailler. Les filles se trouvent des boulots de vendeuse ou des baby-sittings, les gars sont

Collection du dépanneur.

livreurs ou ouvriers. Je me retrouve dans une fabrique de jouets à écouter Dalida et son « Itsi bitsi petit bikini » sur le tourne-disques clandestin d'une des femmes de l'atelier. J'encourage les ouvrières à monter un syndicat : ni une ni deux, on sanctionne ma ferveur politique en me mettant à la porte. Mineur, je ne peux pas avoir recours aux prud'hommes. Je travaille ensuite dans une usine de conserves, où je ne reste que trois jours parce que mes petits pois tombent toujours à côté ; à la caisse d'un cinéma qui lance les premières séances de minuit ; je répare les 2CV de militants trotskistes parmi lesquels le bouche à oreille fait des merveilles. Le travail n'est pas rare, on peut se permettre quelques écarts.

Photo-montage souvenir de Berlin.

Le permis en poche, je suis chauffeur pour les NMPP (Nouvelles messageries de la presse parisienne). Avec le convoyeur, on va chercher les stocks à l'imprimerie vers minuit, on les distribue, puis on assure la tournée des « bouillons » (le tour des kiosques pour récupérer les invendus). Officiellement notre véhicule consomme beaucoup ; officieusement nos autos, brèles ou motos, ne manquent jamais d'essence.

Pour les vacances, on part souvent en Espagne, c'est moins cher, ou à Berlin. J'y suis allé en 4L après avoir cassé la Borgward Isabella des parents d'un ami dans un accident bénin mais spectaculaire, qui nous a valu d'entrer dans la collection de photos du dépanneur du coin.

En Allemagne, nous avons changé nos francs en marks de l'Ouest, puis nos marks de l'Ouest en marks de l'Est. Tout arrêt est interdit jusqu'à l'arrivée à Berlin-Ouest, et nous passons à l'Est par le checkpoint Charlie. Repérables à notre 4L et nos vêtements, nous soulevons une curiosité distante. Une femme vient à nous et nous tend une lettre qu'elle nous demande d'envoyer depuis Berlin-Ouest. Au retour, la voiture est fouillée, le réservoir sondé et un miroir est passé sous le véhicule. Une heure après, la lettre était postée.

Un temple de la consommation à côté d'un cimetière russe

Marcel Fournier, à la tête des magasins Fournier, et Louis Defforey, dirigeant du comptoir Badin & Defforey, ouvrent le premier hypermarché de France. À la suite d'Édouard Leclerc qui a déjà dix magasins, ils souhaitent proposer des produits nettement moins chers, mais aussi du non-alimentaire. Créant ensemble la société Carrefour, ils ouvrent plusieurs supermarchés avant de se lancer dans l'aventure de l'hyper.
L'événement a lieu le 15 juin 1963 en région parisienne, à Sainte-Geneviève-des-Bois connue pour son cimetière russe. La foule est nombreuse à l'occasion de l'ouverture parrainée par Françoise Sagan, l'auteure de Bonjour Tristesse, *qui est une proche de Defforey. On a garé son auto sur le parking de 400 places. Peut-être a-t-on pris de l'essence à la pompe que le magasin a prévue pour ses clients. Les portes s'ouvrent, on découvre alors 2500 m² de produits les plus divers et de 20 à 30 % moins chers que dans les petits commerces.*
C'est un succès : les banlieues étant en pleine expansion, la clientèle est au rendez-vous ; les autos se multipliant, parkings et pompes à essence sont bien pratiques ; la consommation de masse continuant sa croissance exponentielle, on se ravit de la diversité et des prix des produits proposés.

Quelque part en Ardèche

Enfin, c'est le « monôme » du bac, la déambulation enthousiaste, la farine et les œufs lancés sur les voitures. Les flics nous poursuivent avec leur pèlerine, plombée pour éviter qu'elle s'envole, et qui leur sert aussi à nous jeter des coups. Nos parents, rares à avoir le bac, nous accompagnent pour chercher les résultats et sont très fiers quand nous l'obtenons. Pour ma part, s'il n'y avait pas eu Mai 68, et pour toute épreuve un simple oral, je l'aurais sans doute passé une quatrième fois.

Flower power.

Après le travail...

... la détente

À la fin de ma première terminale, nous rendons visite à un couple de copains qui a rejoint une communauté en Ardèche. La ferme délabrée est équipée de matelas, d'un réchaud, d'un magnétophone et d'un vieux poste de radio à ampoule. Les tâches sont bien réparties : les moutons, le potager, le champ de cannabis… À notre arrivée, des guirlandes en tissu ornent les arbres : ne voulant pas supprimer Noël à cause des enfants, ils ont tout de même décidé d'en changer la saison. Pourtant à travers les cadeaux des grands-parents, Noël se révèle être le cheval de Troie du capitalisme. Barbie et Léguminex font partie des cadeaux empoisonnés et plongent nos copains dans l'embarras. Les jeter serait indécent, les vendre, entrer dans le jeu du capital et les donner, faire de la propagande. Le robot et la poupée finissent écartelés dans l'atelier d'un copain artiste.

On parle alors des supermarchés qui menacent crémiers, boulangers, droguistes… Ma première visite en famille au Prisunic est une victoire pour mes parents : pour une fois, notre grand-mère n'a pas « mordu à l'hameçon ». Les marchandises sont joliment emballées et on trouve de tout… sauf quelqu'un pour vous conseiller.

On écoute Bob Dylan, Joan Baez, Peter, Paul and Mary, les Byrds ; mais aussi Brel, Barbara et Ferré, qui écrira bientôt « Salut Beatnick ». On évoque la mort d'Albert Schweitzer, qui avait installé un hôpital dans un village du Gabon et prônait un respect de la vie consistant à ne jamais perdre de vue que nos gestes ont toujours des conséquences sur autrui. Nos copains parlent d'un certain Pickwick, un gars « sur la route » qui envoie à la communauté des photos du Népal et de l'Indonésie.

On parle de prix Nobel, celui de littérature que Sartre a refusé, celui de la paix que Luther King a mérité. On se demande si le *Black Power* ne va pas

La millionième poupée Barbie
en Allemagne, 1965.

desservir la cause des noirs ; on se dit que le gouvernement américain les envoie au Vietnam sans pour autant les reconnaître comme citoyens à part entière ; on débat de l'assassinat de Malcolm X. On regrette que de Gaulle soit passé aux élections : héros de nos parents, figure de l'ordre moral, il doit être renversé. Il a toutefois chancelé face à Mitterrand, et c'est déjà la promesse d'autre chose. Ce « président jeune pour une France moderne » a osé mettre dans son programme le droit à la contraception. L'été de nos dix-huit ans, nous discutions de tout ça. Et dans deux ans, 68 serait là.

Le prêche de Pickwick.